詩集

ラムの足音

小関俊夫

無明舎出版

詩集　ラムの足音

三角点

へとへと登り
ラムの両手松倉山の三角点に
のせた写真リュックから出して
松倉山の三角点に立てた
ブルーの冬着をまとったラム
寒かったろう
２０１７年１月１日

２０２４年１月30日
ポカポカ陽気
ラムの目も輝き写真からとび出した
角がかけた三角点にラムの両手
ラム７年ぶりか

欅

イワウチワ咲く
大倉山頂は雪
落葉のしとねを求め下山
中腹の欅の大木にもたれ昼飯
玄米おにぎりに
干柿にミカン

ドスンドスンともぐる剛力のような
根にはさまれていた
幹を見上げたら
静かな尊厳が空に登っていく

円く

田起すトラクターのわきに
トンビが一羽おりた
精悍な顔に翼をたたむ猛禽類

なぜトンビになった
カラスが五羽おりた
なぜカラスになった
ハクセキレイが三羽おりた
なぜハクセキレイになった
鳥を見てる俺
なぜヒトになった
不思議不思議

あなたはトンビになりなさい
あなたはカラスになりなさい
あなたはハクセキレイになりなさい
あなたはヒトになりなさい
進化論では
頭がこんがらかる
神の啓示も棚に上げ

とりあえず不思議をこえて
生き物たち仲良く相互扶助で
地球も円く

春夢

西
斜面の空に
赤い満月
股に
俗雪つけて
梅満開

東
水平の空に
太陽起きて
桃色雲
横たわる

春夢の版画

俊

春

色々の
色々の
花が咲きだした

色々の
色々の
虫が動きだした

色々の
色々の
鳥が鳴きだした

色々の
色々の
春に浮かれ
人も仲間いり

俊

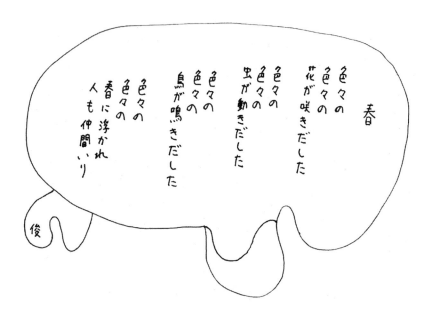

二月の森

十四時の日射しに
木々は
一人一人一人
一人一人一人
身の影を
残雪の面におとし
二重《ふたえ》の森となって
群青の空にのびる

ああああ
んんんん
ああああ
んんんん

俊

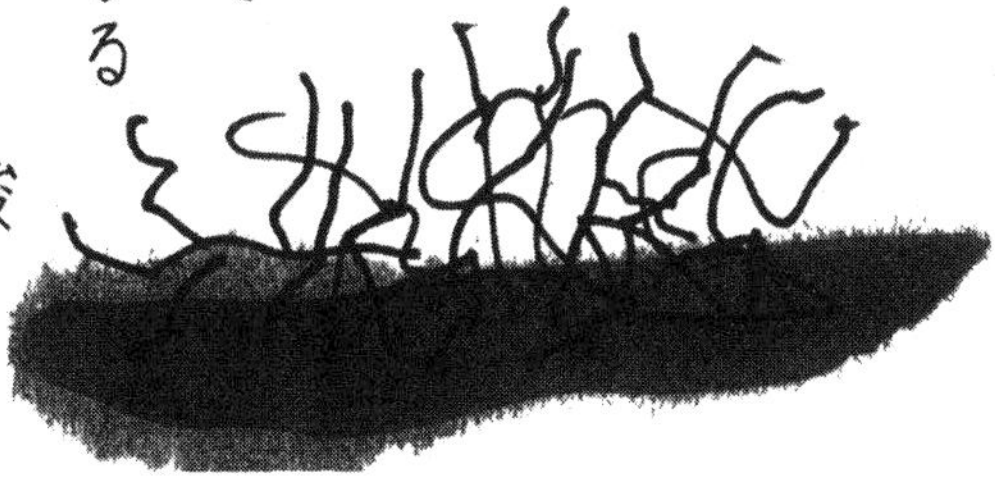

理髪

草刈り機で刈った後
畦ね回し
中新田鎌の切れ味もよく
サクサクと刈っていく
鎌も爺も疲れたら
一服しながら
砥石で鎌を研ぐ
一町歩田の畦ね回し
終えて腰をのばすと
理髪したように
さっぱりしている
田んぼが照れながら

頭をなでている
水面に空を
映しながら

爺

こぼれ陽おちる
クヌギの根にいだかれて
一服する爺

新緑になって
となりに
カエデの木と
ホウの木がいるのに
気づいた

足元には
実をつけたカタクリ

かわいい白い花のヒメユリ
すこしはなれて
ミツバオーレンもいた

一服が二服に
三服になって
新緑のこぼれ陽に
爺はとけていく

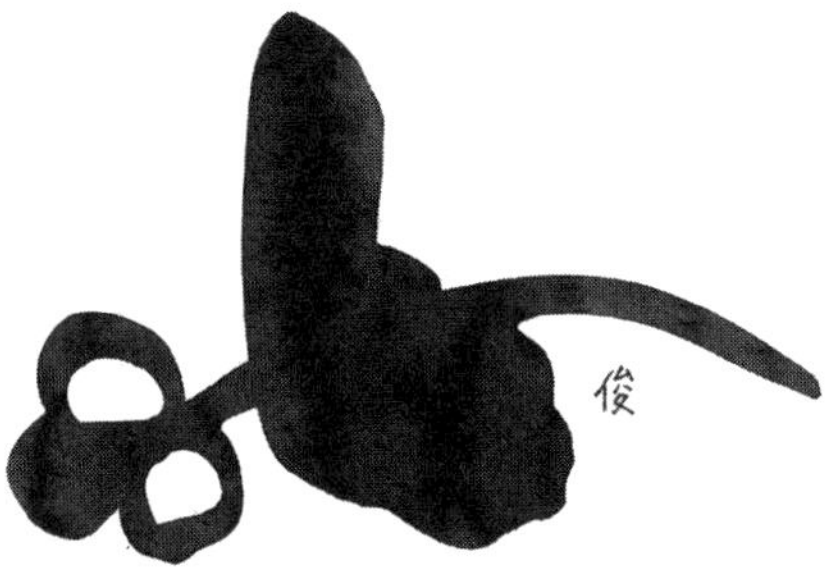

残雪

船形山の残雪
まだらに
はりついて
まもなく消える

五月の
田植盛りに
蛇ケ缶の白蛇が
あらわれた

六月の
早苗振り
くれる白蛇
落ちつかない

爺の
残雪消える
淋しさ
年々早める

日記

令和6年4月24日（水）
大崎市坂本で
狸の交通事故死
狸をさけて通りすぎた車
何百台あったろう
狸を草むらに
おいてくれる人はいなかった
狸の死体は汚いのだろうか
人は忙しいのだろうか

狸の死体は
カラスとウジムシが
処分してくれるが
加害者の人には
罪はないのか
せめて
葬る行為は必要だ
同じ生き物として

ホタルイがいない

草丈1cmのホタルイ
田の中ごろにどっさりいた
小さくてぬくのがいずい
5cmにのびた頃取ろうと
一週間待った

田をこいで行ったが
ホタルイいない一株もいない
イネミズゾウムが
どっさりいたホタルイを
一週間で平らげるとは
思えない

ホタルイはどこへ行ったのか
歩けるわけでない
まして
飛べるわけでもない
不思議だ
不思議だと
思っているうちに
田の意志が
見えてきた
遠くに30cmにのびた
太いホタルイ一株いた

空

イスラエルの
ガザ空爆を
テレビで見た
空虚をきりかえ
ジャガイモを蒔く

雨

大地にしみこみ
発芽を
うながす雨
満開の桜を
やさしく
なでる雨

難民のテントを
ぬらす雨
難民のナベに
たまる雨

ほっとした

ヘビが出てきて
よろこび
カエルが出てきて
よろこび
モンシロチョウが舞って
よろこび
タンポポいっぱい咲いて
よろこび
ダンゴムシがころんで
よろこび
アリの行列を見て
よろこび

クモの糸光って
よろこび

いつもの春のよろこび
２０２４年もやってきて
ほっとした
ありがとう

田にねると

白い雲
浮いている
緑の風が
通りすぎる
青い空が
下りてきた

ここはどこ

草をゆすり
夏が
近よってきた

トウミギ

中央に太くて長い
親分の雄穂
とりまくように
子分の細くて
短い雄穂
12本したがえる
小さな飾りのような
花をいっぱいぶらさげ
風にそよぐ雄穂

下で待つ
うす緑の長い毛

もじゃもじゃの雌穂
股を開いて
確実に
雄穂を受けとめる

圧巻な雄穂
貫禄の雌穂
作物の
原始の生殖

麦藁帽子

空をさす止葉から
稲穂が曲る
広い広い稲田

真昼のお日さま
極限の緑をひきだし
稲田を海原に
遠く白い雲うかせ
青い山脈よこたわる
ここは大崎耕土

日本人
田を忘れ米を忘れ
ひまわりの丘
ラベンダーの丘
ダリヤ園
平面で単色の
観光地へ疲れにいく

麦藁帽子
田にすわってる

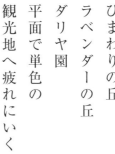

タンポポ

中古トラクターに
引きとられる前に最後の仕事
ハクサイとニンジンを蒔く畑の耕起だ
ゆっくり起こして畑に別れをつげろ
30馬力の新品のトラクターが
やってくる事になりタンポポごめん
知らない土地に行っても
めんこがられるように地味に仕事しろよ
25馬力のタンポポだから
無理はさせないと思うが
深耕させられたら唸って文句いえよ
タンポポのトラクター寿命は
まだまだだからな

猛暑に最後の洗車だ
ごくろうさんだったな
夕暮れ前に稲田めぐりに行こう
タンポポのおかげで
稲も緑濃く青空に開張しているよ
風にそよいで手をふっているよ
タンポポよ
奥羽山脈に手を合わせて感謝しよう
みんなタンポポの前途を案じているから
爆音を轟かせて別れよう

三日後
新品のトラクターがトラックから降りて
タンポポ積まれて行っちゃった

わだちの道

もっともっと
草ボウボウにしないと
世間がやってくる
二mをこす
家宝の青大将
天井にかくれろ

日米合同演習だけでは
たりなくて
日仏合同演習が
そこまできている

もっともっと
草ボウボウ
しないと
見つかってしまう

皿

家族の頃は
一人一人に皿があてがわれたが
今は女房と二人暮し
小鉢にしろ
小皿にしろ
二人で一ですませる時もある
洗い物も少なく
女房も楽だろう

見かけないさわやかな小皿
二ある
一でもいいのだが

使ってやらないと
失礼な気がして
醤油をそそいだ
刺身もうまそう

ラム

昼は
俺の胡座で丸くなり
夜は
俺の布団で足のばす
ラムと
いつもいっしょ

田の草取る
俺を見つけると
１００ｍの畦も
草にもぐって
飛ぶように走った

ラムの黒い背中
俺の胡坐でなでている

めんこくて
しょうがないラム
白雲から
俺を見つけて
走ってこい

黒雲バス

黒雲バス停車場に
止まったまま動かない
ドアを開けたまんま
乗客は見えない
缶ビールをのみほしても
動くけはいがない
夕陽に赤く染まってきた
白雲がすべりこんだ
あれは空の仙人か
黒雲バスが動きだした
発車時刻は
太陽が決めるのか

朝陽とか
昼陽とか
夕陽とか
一日三便で
太陽がいない
雨の日は運休か
白い月をかくして止った
毎日バス停がちがうのか
赤雲が乗りこんだ
あれは空の娼婦か
黒雲バスが発車した
終着駅はどこだろう

卵

俺「昨日一個
　今日三個なした」
女房
「昨々日野菜くず
　どっさりやったから」
俺
「青もの待ってたんだな
　明日何個なすがな」
「天気いいどぎ
　鶏小屋の掃除すっか」
女房
「んだね」

世間話のきらいな
冬の農家の実のなる話

芙蓉

蕾からぱっと
大きく大きく
花ひらく
簿紅の芙蓉の花
明日にはしぼむ

咲いては散って
散っては咲いて
華やかに巡る
夏の仏花

八月九日

長女芳子の一周忌
芙蓉の花から
芳子がやってくる
雨蛙といっしょに

虫がよすぎるか

猛暑に雨なし
大地は干上がる
草が枯れはじめた
広い葉の草は
しおれてがまんしてる
みんな限度だ
早くこい
早くこい
風速二〇m以下で
一〇〇㎜未満の
雨を降らす
ほどよい台風よ

虫がよすぎるか

人工物の線状降水帯
はいらない
地球の産物
台風よこい
みんなのために
ほどよい台風よ

虫がよすぎるか

セミ

ミーンミーンミーンミーン
ミーンミーンミーンミーン
十回
ミーンミーンミーンミー
ミーンミーンミーンミー
七回
やんだ
また
ミーンミーンミーンミー
ミーンミーンミーンミー
五回
メスがきたか

つかれたか
やっと
とまった

となりのとなりで
ミーンミーンミーンミー
ミーンミーンミーンミー
十回
またはじまった

草の遠慮

一町歩田の中ほどに
ヒエがめだつ
稲刈り鎌を手に稲田に入った
稲穂が股に豊作を知らせる

ヒエは農人を見ている
農人が今年の稲作にあんどした
翌日みんな待っていましたと
稲より高く穂を出す
ヒエを根元から刈るが
稲をせめる大胆なヒエでなく
稲によりそう単調なヒエで

楽に刈れる

我田のようにキカシグサがはびこっていたが
今年は足にもからまず
ぱらっとしている
「キカシグサよすこしは遠慮しろよ」と
十年は声かけてきた効果か

ヒエもちょぼちょぼで
遠慮したのか一時間もかからず
ヒエ刈り終ったが
無風の猛暑
農人の顔を真赤赤にした

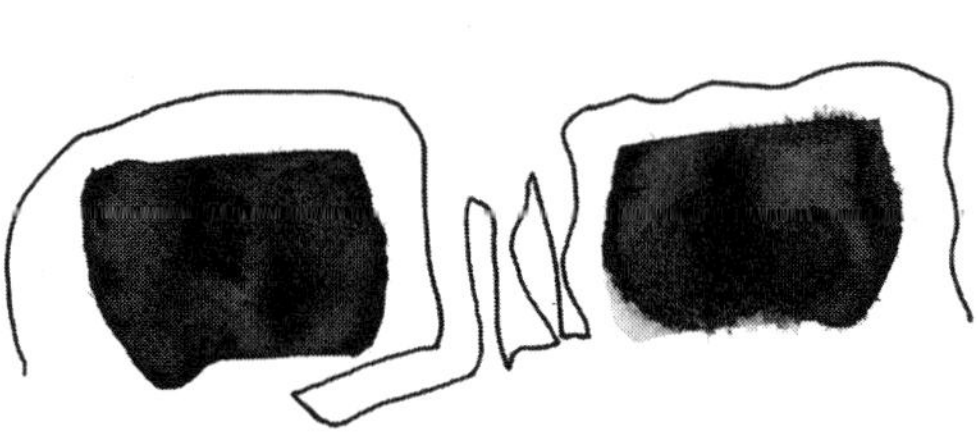

俊

白との御縁

いつも軒下の椅子にもたれ
夕陽に乾杯していると
のそのそと白がやってくる
白と声かけても
のそのそと去っていく

倉の二階の暗がりで白が死んだ
白と何度呼んでも来ない
抱きかかえたら死んでいた
近ごろ見なかったから
日がたつようだ
死因はわからないが

白の死をうけとめた
竹林にスコップで根を切りながら
穴をほった
白の尾と頭をまるめて入れた
白いふわふわした円い妖精に
しばし見とれた
土をかぶせて手で
こんもり山にした
白い山吹きの花いっぱいの枝を
そえて手を合わせた
野良猫「白」おやすみ

女房に知らせたら
「御縁があったのね」

黒いバケツ

田んぼから取ってきたザリガニ
いつも黒いバケツで
鶏小屋にばらまく

軽トラックから黒いバケツを持ったら
庭に散らばってた鶏
全員黒いバケツに走ってきた
水をやるのも黒いバケツだが
水は重いのでしっかり持つ
ザリガニは軽いので
黒いバケツの縁を持つ
バケツの持ち方で

ザリガニ入りか
鶏がわかるのなら
鶏に記憶力がある事になる

しかし
鶏の嗅覚がすごく
ザリガニを嗅ぎつけたら
物忘れする人を
鶏のようだと
言っていい事になる

シオカラトンボ

いつものように
田にすわって一服
いつにもなく多い
シオカラトンボ
十匹以上見てる

農道を基準に
１・５ｍはなれ
青田より
１・５ｍの高さで
水平に真直ぐ飛ぶ
シオカラトンボ

畦まで行って戻ってくる
速い速い
くりかえし
青田の中央には行かない

一週間前
農道わきの田に
卵を産みつけた
シオカラトンボ
見守り飛行か

蛇の記憶

四月六日
冬眠からさめた
一・八mの蛇
わだちの道をまたいでいた
二〇二四年蛇健在

四月九日
「鶏六個卵なした
蛇はまだ来てないようだ」
と話したら
すかさず女房
「蛇に卵の記憶があるのかね」

蛇の記憶か
いつも女房には
度肝をぬかれる

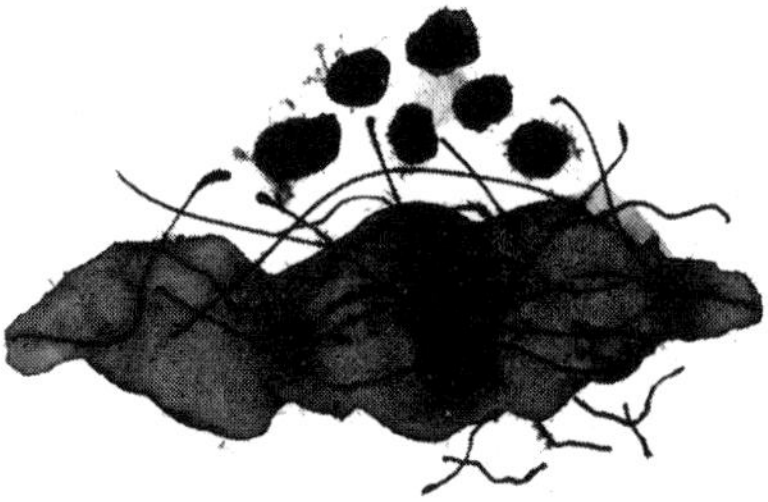

カルガモ

いつも
群でやってくるカルガモ
夕方
草刈ったばかりの畦に
二羽のカルガモならんでる
夫婦のようだ
はなれてて
声はきこえないが
今年の稲は硬いとか
田の草は
昨年とちがうとか
いやもっと哲学的な話を

しているのだろうか

二人きりになったから
愛しているよ
なんて言っているのかも
暗くなってきた
じゃましないように
家路についた

光合成

灼熱の太陽
火種に

青風に
波立ち
稲田は
燃え盛る

俊

ねじれ花

畑の隣り空地約一反歩
減反政策で田を宅地にと思ったか
親父石まじりの残土でうめた
端には梅四本栗二本の間に
鳥が運んだ桑の木がある
遊ばせている土地だが
年に三回は草を刈る
日当りもいいので
大陽光発電に狙われた
銭が余っているのでと断った
八年前からシロツメクサといっしょに
ねじれ花が咲いている

七月の暑い盛り
ねじれ花を残しての草刈りは
捗らないが刈るわけにもいかない
かたまって咲いている所は
回りを刈ればいいが
一本二本はなれて咲く
ねじれ花には気をつかう
半分刈って一服すると
ツバメがスズメがやってくる
キジの雄もうろうろ
モンシロチョウもキアゲハも飛んでいる
刈り草には虫がいっぱい
はなれてねじれ花を見ると
刈り残しにしか見えないが
遊ばせいる土地の価値が見えてくる

満天の星

前穂奥穂北穂
大キレット南岳と連なる
穂高連峰の終点
槍ヶ岳を円にかこむ満天の星
槍のとんがりが
宇宙との接点に見えた

あれから
満天の星を見ていない
人類の住む地球が
あまりにも汚れ
宇宙から外されたのか
槍ヶ岳どう思う
人工衛星が光ってる

出穂期の風

孕む幼穂
なでたり
はげましたり
いたわったり

産婆さんの
ように
ふくよかだ

登熟期の風

傾く稲穂
ゆすったり
もじゃぐったり
はしゃいだり

阿波踊りの
ように
にぎやかだ

鯨

心底正銘
鯨だ
淡い黒に
真白い腹
夕空を
一頭じめ

緑と白と桃
三色の虹
腹から
ふきだす
空の鯨

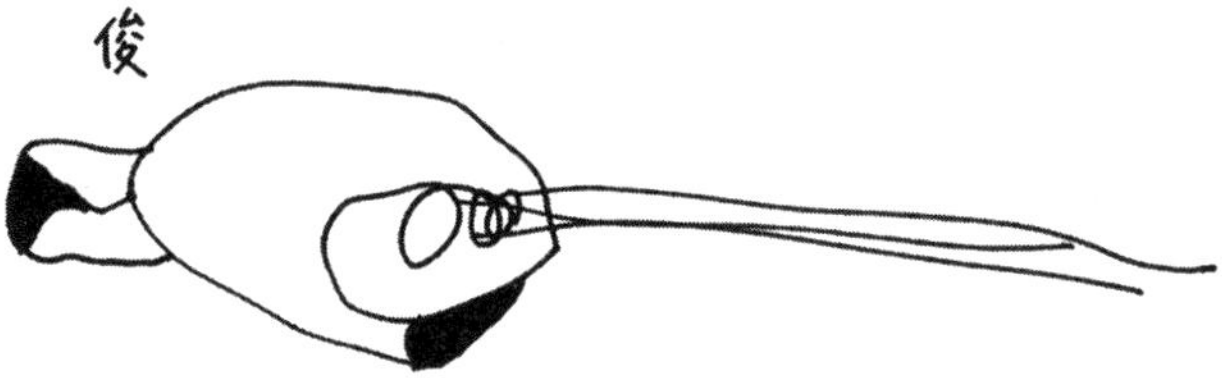

東北新幹線

古川駅より東北新幹線にのったら
車両の通路に草がはえていた
座席にすわってよく見ると
一本道の右左に草がしげってる
灰色の草とうす茶色の草が
まじゃってしげっている
草の太さといい
葉のたれぐあいといい
散歩しながら
草をめでる人の絵だ
都会に草がなくなってきたので
新幹線に草をはやしたのか

おもしろい発案だ
新幹線にそなえつけの雑誌に
萩原朔太郎の詩「竹」
地面に竹が生え
地面に竹が生え
がしみてきて
草と竹にうもれて
東京駅についた

東海道線で
登山帽をかぶった男と
茨木のり子の会話
詩「花」を思い出し
おかしかった

三編

八木重吉
金子みすゞ
茨木のり子の詩

森の水が
しみこむように
みんなの懐を
うるおす詩
私も一編二編
できれば
三編残したい

スガ

稲株凍える
田のスガ光る
　スガスガ
　スガスカ
あっちこっちで
　パリパリ
　パリパリ
光ってる

雨

動物も植物も
晴天の空に
手をふりながら
これない雨を
呼んでいる

これない雨よ
泣くな
くる日を
みんな明るく
待っている

虫

虫よ
いつから
害虫になった

おら
カメムシだ

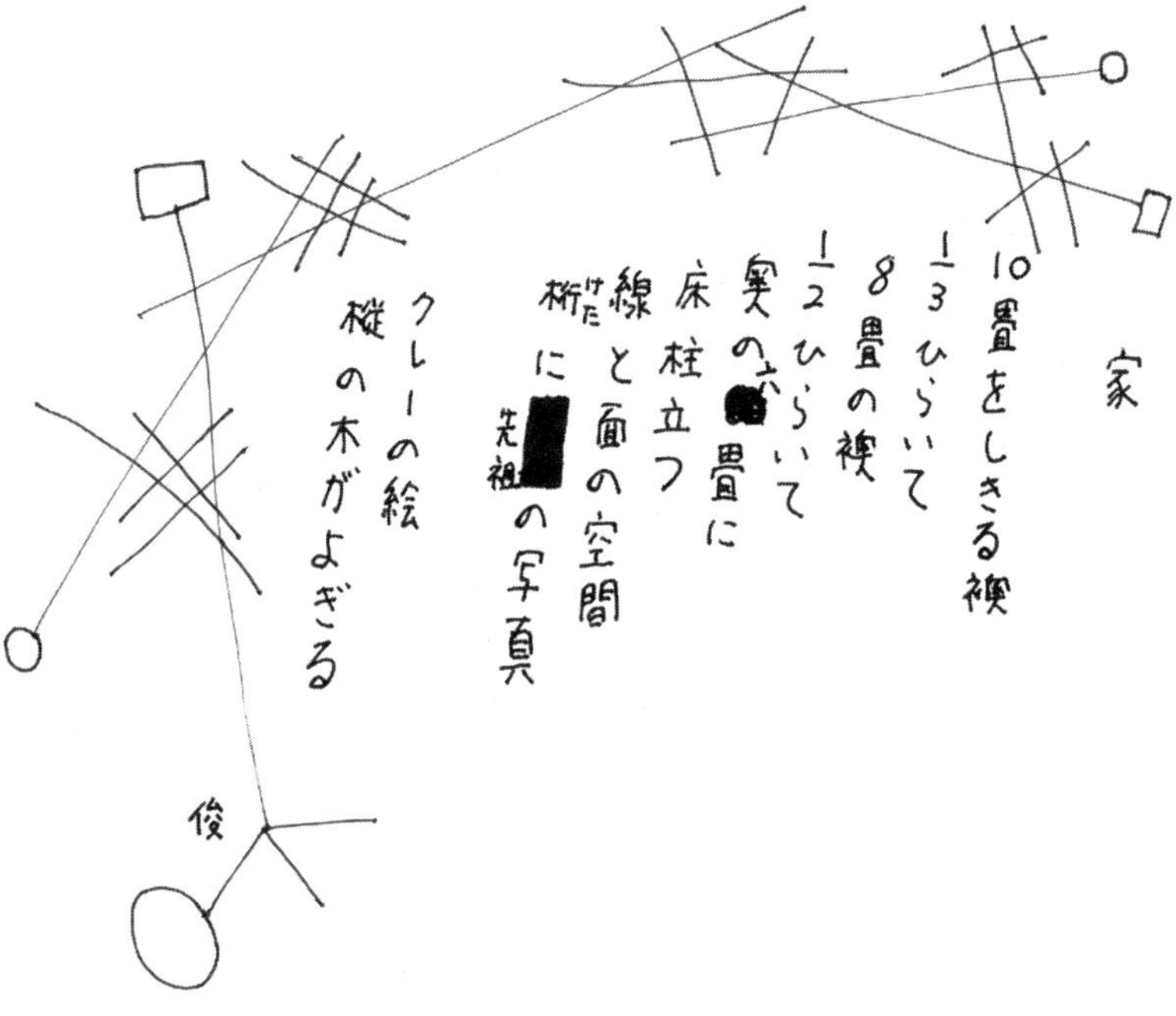

家

10畳をしきる襖

$\frac{1}{3}$ひらいて

8畳の襖

$\frac{1}{2}$ひらいて

奥の六[redacted]畳に

床柱立つ

線と面の空間

桁《けた》に先祖[redacted]の写真

クレーの絵

桜の木がよぎる

俊

遮断

草茂るわだちの道と
竹林に杉と栗と榧の
こみ合った居久根と
梅と柿は畑までのびて
岩石をかくす草ぼうぼうの庭で
世の中を遮断している

アリとヘビとクモとハチと
ミミズと野良猫とカマキリと
カタツムリとチョウチョとトンボと
カエルもスズメもカラスもウグイスも
藁小屋のネズミまで

スギナもドクダミもタンポポも
ハコベもアザミもクローバーも
イタドリもフヨウもオオバコも
五十年も咲いている
赤い五輪のバラも
みんなみんな
付き合ってくれるから
生きるのに
飽きる事はない

田舎

泥棒もよろこぶ
開っぱなしの家
侵人者は
蝿一匹
蜂一匹
蚊の羽音もない

やっと
みんみんぜみ
かなかなぜみ
鳴きだした
夏休みなのに

虫取網もつ
子供はいない

戦後生れの女
美が消えていく
と嘆いた
田舎が消えていく
と嘆いた

田におら一人

田をこぐ人も
いなくなった
まして
鎌で畦（くお）回しする人も
いなくなった

おら田をこいで
弱い稲株に
「元気だせよ」と声かける
真上から見て
開張している稲株は元気がいい
手でさわると硬く太い

天気をさずかる
角度は75度

おら鎌で畦回し
砥石と鎌とおらで
畦の草を刈る
サクサク
サクサクと切れ味よい
田もよろこぶ手仕事
汗もかくが
風が手拭になってくれる

秋雨をよくとらえるには

長雨になりそうだ
稲も寝るし
田もぬかってくる
いいことない
気温がひくいから
萌えることはないだろうが

昨々日の籾の水分は20％をきっていた
稲刈り適期なのに
農家泣かせの雨だ
晴れない雨はないがめいってくる
空を見上げる気力もない

ただがまんか
やることないので
横になるがねむれない

雨がうらめしい彼岸の中日
御先祖さまが雨の家がおちつくなら
秋雨もうけいれるしかない
御先祖さまに
お願いごとをしてはいけないが
彼岸後に秋晴れがほしい
豊作の稲刈りが無事おわり
家の安泰のためにも

雨の中稲を元気づけに行った
稲穂も艶をまし

甘くなりそうな予感
すこしうれしくなったが
長雨にどこまでたえられるか

秋雨も一週間ふればあきるだろう
稲も長雨に疲れてきた
百姓も早く稲刈りしたい
三者で協定を結ぼうや
「大崎耕土の豊穣の器を満杯に
するため三者は協力する」協定を
秋雨くん稲くん
どうだろう
お天道さんも仲間入りしたら
豊穣の器はあふれんばかり
万才万才だ

稲穂

花水かけに行ったら
ササニシキの
太くて長い稲穂
直立して空をつく
１６０粒はある
とんでもねえ稲穂

籾が開いた
線香花火のような
小さな白い花が出てきた
「お天道さんありがたいな
しゃっこい花水うめえべ
どっさりのんで
籾ふぐらませろよ」

花水そそぐ水口の
草にすわって
とんでもねえ稲穂に
ほれぼれ
ほれぼれする

稲が寝る

台風接近
北海道産れの女
「田は大丈夫ですか
稲は寝ませんか」
この女まだ六十代
我々は稲がたおれたと
農協の営農指導員は
稲の倒伏と

稲がたおれると
稲刈りは大変だし
米の品質も落ちて
農民は難儀したが
今は稲がたおれる前に
植物を調整する農薬
倒伏軽減剤を使用する
農民もいる

稲が寝る
稲が寝る
稲が寝る
農を深くする
言葉

おちつかない百姓

雨のお空にらみつけ
もんくいったり
お日さまでれば
お空に
にこにこして
ほめたたえ

風ふけば
まってましたと
お空に手をふる
おちつかない百姓
稲刈りの秋は
お空とにらめっこ

御先祖さま

長い秋雨に
気をもみましたが
やっとお日さまの日がつづき
無事稲刈りを終えました

親父がもっとも米がとれると
言っていた中田
有終の美にとっておいた
中田の稲刈り
稲株にボリュームがあり
コンバインに負荷もかかるが
秋晴れに船形颪もくわわって

籾水分は14・3％
乾燥機いらずでした

我家の田んぼは
一部倒伏しましたが
地力がものをいい
ほどよいなびきで
大豊作になりました
田んぼに生る我家の安泰に
御先祖さま
ありがとうございました
芳子が笑っている

もったいない農婦

今年の秋も
田んぼにもったいない
農婦があらわれた
ズボンの腰に
稲刈り鎌をさして
コンバインの刈り残しの
稲を刈ったり
落穂を拾ったり
田んぼをめざとく歩く
一服の時農道にすわって
オオバコの花はじめて見たと
おちょってさしだす
穂にちっちゃな

うす青い花がいっぱい
小人たちのサーカスのように
風に踊る
名も知らない草をちぎっては
葉をめくっては
茎のつけ根に
もう種をつけていると

もったいない農婦は
とにかくおもしろくて
あきない

美しい水田

春

代掻おえた水田
空を写して
早苗を待っている
田植がはじまると
水田は色々のたくさんの
生き物を育みいきいきと
美しい水田になっていく

夏

雨とお日さまが
ふんだんにそそぎ
稲は青々としげる
風がゆすってたくましく
美しい水田になっていく

秋

赤トンボが
山からおりてきて
イナゴも飛びはねる
美しい水田は
生き物みんなの結晶
みごとな黄金の稲穂
波打っている

スマート農業の大豆もスマート

大豆も機械化農業に合わせて
品種改良された
大豆の背丈も枝も短く均一に
莢の数も均一のようだ
太りもしないやせてもいないスマートな大豆
整然と並んで立っている
個を消し多様性も消す
均一栽培こそ収量増につながるだろうが
水耕栽培にも見えてくる
スマート農業は化学肥料と農薬がささえてる
スマート大豆の中身はどうでもいいか

おらの大豆はひんじゃくな者もいれば

あばれて倒れる者もいる
たまにほれぼれする大豆を引くと
根張りがよくて腰にきくがうれしくなる
虫もいるし草も茂ってる
おらの大豆は土と根粒菌の合作
手仕事大豆
一粒で元気になる

スマート農業はコンバインで
一日何haも収穫するが
おらは大豆を引いて干して打って
女房が唐箕をかける
天気次第だが一反の畑に一ヶ月かかる
悠長なもんだが
これがおらの農

ポポ

おサルのように
木のぼりする
うぬま君

ポポを
たべながら
ペッペッと
種を地におとし
ニコニコ
ニコニコ

ポポも

大豊作
おサルさんと
いっしょに
ニコニコ
ニコニコ

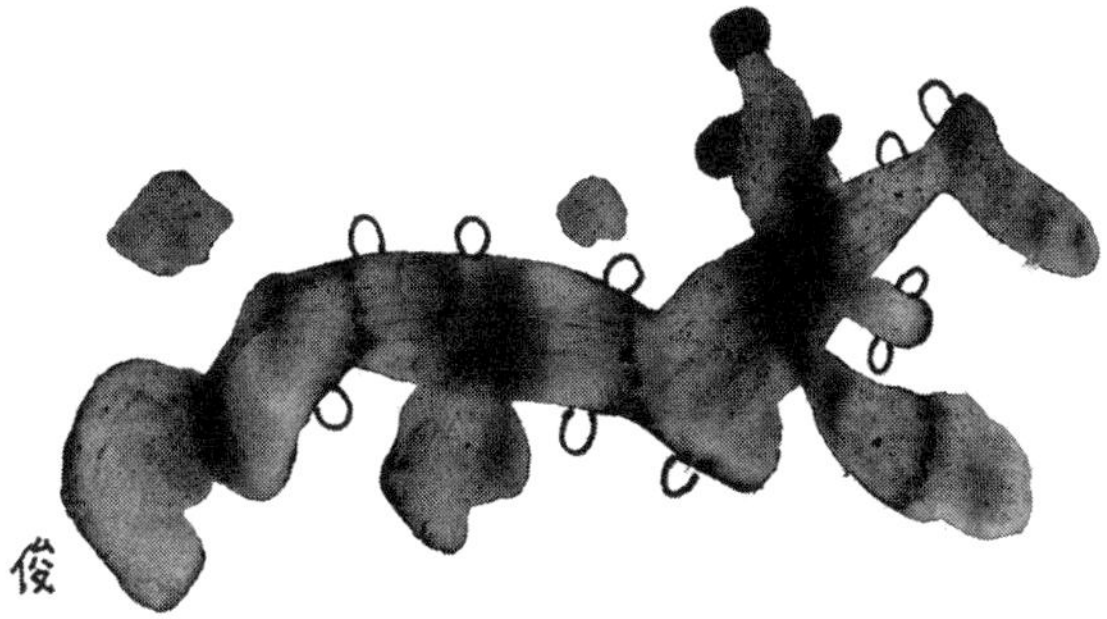

秋の夕暮れ

波のような雲々
赤く染まり
青い空で
マジックのように
遊びこける
快な夕暮れ

ほの赤い夕空に
黒いスカイライン
山々がどっしりと
せまってくる
崇な夕暮れ

満点の風呂焚き

四季おりおり
気温がちがう
薪をくべる量もちがう
風呂水も
新気湯と古気湯
薪のくべ方がちがう
薪に失礼ないように
熱くなったら
水をたすので
水に失礼ないように

湯かげんみて
焚場の残り火みて
ゆったり湯につかれば
満点の風呂焚き
稀にだが
冬は寒風も
計算に入れるが
なかなか難しい

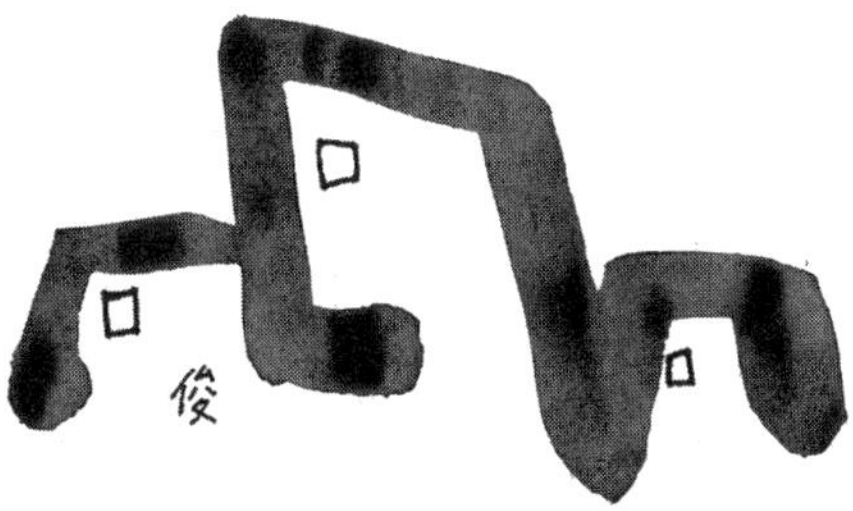

栗の木

山形県西川町大井沢で
樹齢七百年の栗の木に出合った
芯はおれているが
ごつごつした重厚な幹から
若々しい大枝を四方にのばしてる
今年は豊作のようで
いが栗をどっさり落してる
村人が熊が残してくれた栗
十三個いただいた

平安時代から
立っている栗の木

七百年も栗を落しつづけてる
「誰のために」と
私は人間だった

朝日連峰が好きで
六十年通っているが
豊かな大井沢から
田んぼが消えてしまった
栗の木よ
悲しい歴史も一駒か

手

技能はないが
手仕事はできる
きような手でないが
まめな手はもっている
大豆の木をにぎると
根はりがみえる
たまに技能の手
腕力を配分し大豆を引く

晴れた日
棒で大豆をぶつ
飛びこえた大豆をひろう

もったいない手もある
唐箕をこなす女房
ふしくれたきような手

大豆をころがし
虫くい大豆をはぶく
平凡な手
ころころ光る
大豆をなでて
やっと空をみる

稲藁泥棒

春　田んぼに早苗がやってきて
夏　青々としげる稲田になって
秋　黄金の稲穂なびかせ
人にお米を恵む田んぼ

晩秋になると
コンバインで切られた
稲藁泥棒があらわれる
大型トラクターで稲藁を集め
圧縮して稲藁ロールにする
大崎耕土に稲藁ロールが
ころがる風景

三日後トラックに積んで逃ていく
　田んぼの許可を得たのか
　　稲藁泥棒

稲藁は冬をむかえる田んぼの
暖かい布団なのに
来年の稲作の肥なのに
生き物たちの住処なのに
畜産優先の農政が
田んぼを疲弊させる
悲しい田んぼよ怒れ
稲藁泥棒の農政に怒れ

ニングルとクマ

森の小人ニングル
森の王者クマ
二人とも森の伐採で
棲家をうばわれ
クマは街に出て殺される
ニングルは高山へ逃げて息絶える

絶滅危具種という言葉があるが
もうすでに何万種が
ニンゲンの犠牲になっている
他種の生物に生かされていることに
気付かないニンゲンは

不幸の中に滅びる

森の小人ニングルよ
まだ生きているなら
森の王者クマと
いっしょに
オラの祠に逃てこい

倉本聰「ニングル」より

熊が指定管理鳥獣に

森林伐採で棲家を追われ
今　山を壊す
太陽光発電・風力発電に
苦しむ熊
どこへ行けばいいのだ
里に街におりて何が悪い
熊の領域に侵入したのは人間の方だ
鉄格子の罠にかかった
血まみれの態を想像して欲しい
逆に
鉄格子の罠にかかった
人間も想像して欲しい
人間はスマホで
助けを呼ぶだろう
熊は銃殺されるだけ
やっぱり
人間は偉いのか
熊は山の神だったのに悪者にされ
指定管理鳥獣に
今年は熊の大好物
橅の実が大凶作
冬に凍える態を
想像して欲しい

空の比率

白い雲と
青い空の比率
1対9から
9対1まで
直線と平面の絵の
ように単純ではないが
落書のように描いたら
おもしろい比率になるかも

空を水平に見ると
風景になってしまう
45度で見ると

おおよその比率がわかる
寝ころんで見ると
空が額におさまり
はっきりわかるが
眠ってしまう

空の比率の算数は
空を宿す
大人の遊び

初冬のお天道さん

畠のお天道さん
雪くるまえに
麦の発芽をうながす

家のお天道さん
茶色の莢をねじって
大豆をはじく

田のお天道さん
口あけた稲株あたため
冬眠をくれる

節節に
仕事してくれる
お天道さん

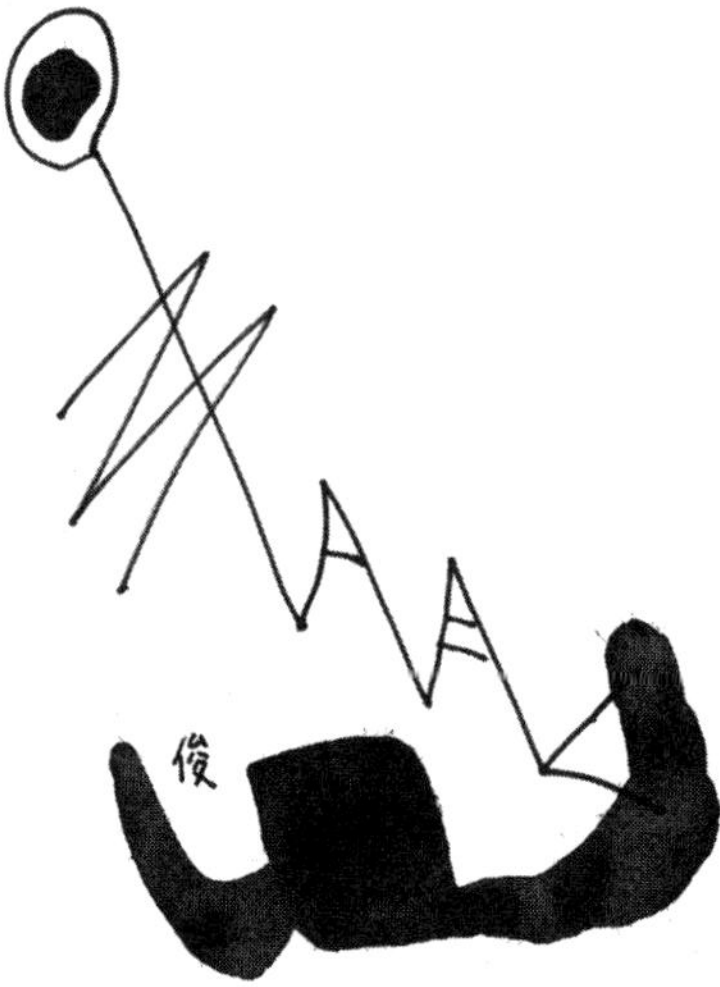

帰路

山形県遊佐町で開催された
第43回東北自然保護の集いの帰路
仲間三人は道の駅で
お土産を買った
俺は土産を買う習慣がないので
瀬見温泉ヤナ茶屋もがみまで
来てしまった

正面の入口をさけ
ガラス戸を開けたら
木箱にムキタケと
もだし煮がならんでる

地元の山と地元の人の恵み
ムキタケ五百円
もだし水煮四百五十円値段じゃない

ムキタケは煮つけでいただき
もだし水煮は大根下ろしで
落葉の香りもつめこんだ
天然茸に感動し
製造者にお礼の電話をしてしまった
声はまだ四十代
さわやかな女盛りのようだ
瀬見温泉ヤナ茶屋もがみ
いい所見いつけた

冬の晩方

冬の夕陽
窓ごしに
金子みすゞ
「積もった雪」
ほの赤くなでる

冬の黒雲
窓ごしに
詩集をとじた
「きようの
私に
さよなら
しましょ」

もったいない

近所の古い作業場
ユンボで解体していた
新建材でないので
風呂の薪にと思い話したら
どうぞどうぞと
ダンプで運んでくれた
まだもったいないので
手積みで
軽トラック二台運んだ
昔は再利用したのに
もったいない
もったいない

残材は廃材になる
戦争は
こんなもんでない
瓦礫の山に
死体の廃材

俊

勝手な嘘

テンの交通事故死
タイミングがずれ通りすぎた
帰り路
テンは雑巾にならず
テンはテンでいた
堀の草むらに葬った
飛び出したテンが悪いのだろうが
事故の現場検証もなく
テンの死はむくわれない

人的被害防止のため
クマが管理指定鳥獣に
人の命も態の命も
同等のはずなのに
野生動物はみな邪魔のようだ
地球は生物多様性で生きている
人だけの地球になったら
霊長類人はみな精神病
地球の怒りも枯渇し
太陽系を彷徨う物体に
動物愛護なんて
勝手な嘘

冬の夕暮れ

赤い雲
ぐるうと大きく
黒い雲
まけじと
子供の黒雲あつめた
赤雲おしあい
黒雲へしあい
おしくらまんじゅう

赤雲
うすくなり
黒雲
ほそくなり
二人できえた

雪よ

雪よ
もっとふれ
もっともっとふれ
五cmじゃ
たんねえ
もっともっともっともっとふれ
十cmじゃ
まだまだたんねえ
ふってふってふってふって
二十cmにしてくれ
早い春は
百姓には曲者

雪よ
冬にもどして
じっくりねかせてくれ

朝女房
二十cmはふったね
雪よありがとう
また冬眠だ

四季

冬は
雪にうもれて
雄でいたい
春になると
田んぼ
が呼んで
男になる

夏には
雄と男が
同居して
青田にもぐる

秋がくると
黄金の稲穂を
泳ぐ男
空に吹いこまれる

頭を下げろ

人が死んでも
虫を殺すな
人が死んでも
鳥を殺すな
人が死んでも
熊を殺すな
人が死んでも
草木を殺すな
人が死んでも
大地を殺すな
人が死んでも
空と海を殺すな

人は地球と
共存できるか
できる
できない
できる
できない
どっちだ
わからない
とりあえず
頭を下げろ

異星人

地球を喰いつぶす
人類は
やっぱり異星人
遺伝子操作と
AIとアクセルだけの
人類は
やっぱり異星人
宗教哲学に
期待したが
経済至上主義
やっぱり異星人
生物をすてて
ロボットに進化したい
人類は
やっぱり異星人

縄文人は
地球人か
異星人か

俊

初雪

カーテンを開けると
初雪だ
　ヤーコンは
　里芋は
掘りおくれが悔まれる
　白菜は
雪をかぶると甘くなる
　大根は
うっすら雪には耐えられる
　小麦は
まだ芽が出ないが
雪が発芽を促すか

　大豆は
なかなか葉が落ちないが
取り入れ急がないと
　初雪で
畑を巡らす

お二人

ビニールハウスで
息絶えた
カマキリ
クマンバチ
土葬しようと思ったが
美しすぎて

リンゴ木箱の本棚の上
藤の籠
四匹のヘビの脱皮
からみ合う内に
カマキリ
クマンバチの死体安置した

ヘビの縞模様に
カマキリの緑
クマンバチの黒
鮮やかだ
凛とした死体
お二人よヘビの脱皮に
融けこんで眠れ

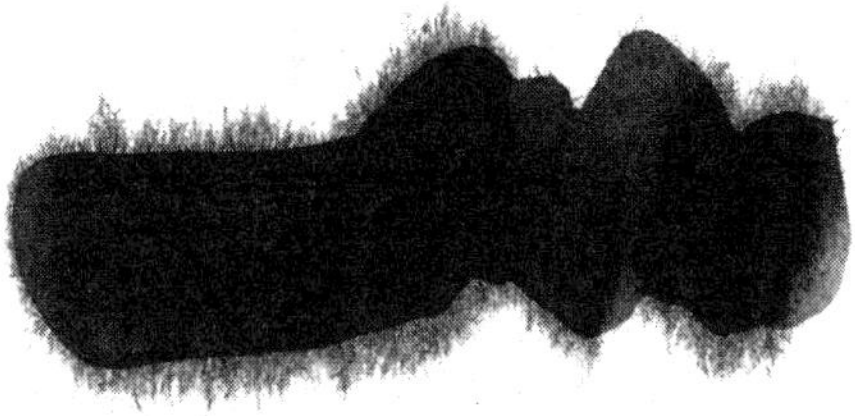

無言色

沈む空に
沈む家家
沈む空に
かくれた
部落も沈む
無機も
有機も
無言色
に染まる

俊

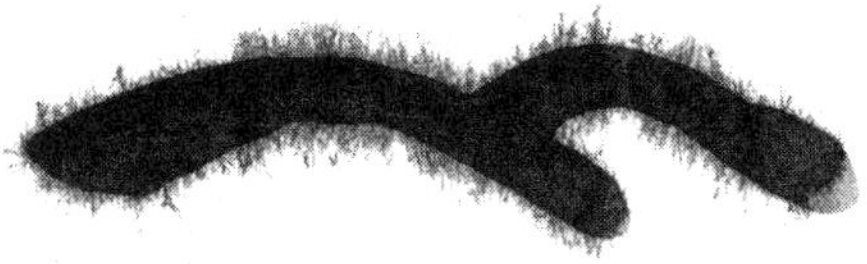

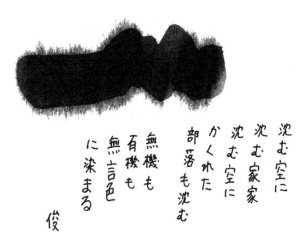

昆虫食

世界の食料危機がくるから
コオロギ食えだとえらい世の中に
なったもんだ
おら米食いたい
　小学校行事で
ハッタギとりあった
早朝はちょどしているが
日中はすばしこくて
つかまえるのおどげでなかった
　今はたまに見るだけ
遺伝子組み換え作物
ゲノム編集作物

世界の食料危機を
救うと言われたが
土地は痩せ収量も減少
人間の小手先では不可能

工場で生産されたコオロギ
おら食いたくねえ
次に狙われるのは
どんな昆虫か
やっぱり
おら米食いたい

農協

農家あっての農協
国といっしょに
米価を下げつづけ農家殺し

今年の米価高騰は
いったいなんなのだ
国と商社の
農協殺しの終焉か

米を安い物にしたのは
消費者のような気がする
主食の米を忘れ

肉やパンの食生活に
贅沢感があったのだろう

でもそろそろ目ざめないと
日本から米が消えたら
国民が飢える事になる
そうなる前に
農家のために原点にかえって
まともな農協をとりもどさないと
農協ガンバレ

俺は百姓
米をつくりつづけるだけ

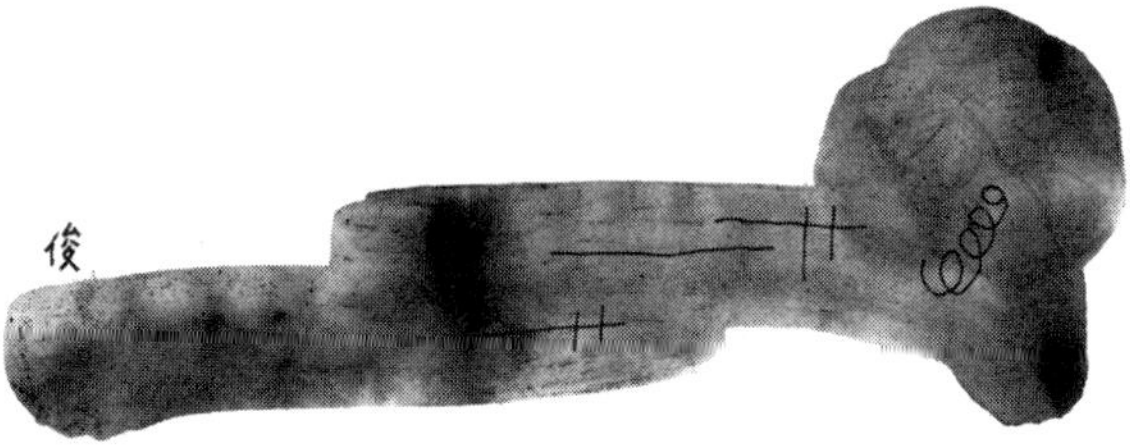

ラムの足音

布団に入いって電気を消すと
ラムの足音がする
廊下をすべりながら走ってくる
ラムの若い頃の足音
よろよろで足音がなくても
俺の布団に入っていた
朝から晩までいっしょ
軽トラックで夏の田の草取りにも行った
俺と女房は捗らない田の草取り
ラムは畦を行ったりきたり
あきると家に帰っていた
熱いアスファルト道路を事故もなく

田にのめりこんでかまってやれなかった
ごめんラム

老いてからは「ラムるすばん」というと
玄関で待っていた
山登りにもつき合ってくれた
短い足でよく登ったもんだ
難所はリュックサックへ入れて
おやつタイムは抱っこして
山登り楽しいよりしんどかったかラム
俺の気ままでふりまわしたがいっしようけんめい
付き合ってくれてありがとうラム

たまにラムの足音がする

新米膳

生卵で一膳
納豆で一膳
味噌で一膳

新米膳

甲乙つけがたいが
味噌が一番
女房と一致した

シェルター墓地

人間が快適に便利に
なればなるほど
他の生物は
死んでいく

快適な生活には
殺虫剤
殺草剤
殺菌剤
便利な生活には
AIにIT
パソコンにスマホ
DNAゲーム

生物ヒトを
忘れた人間の
行きつく先は
シェルター墓地

俊

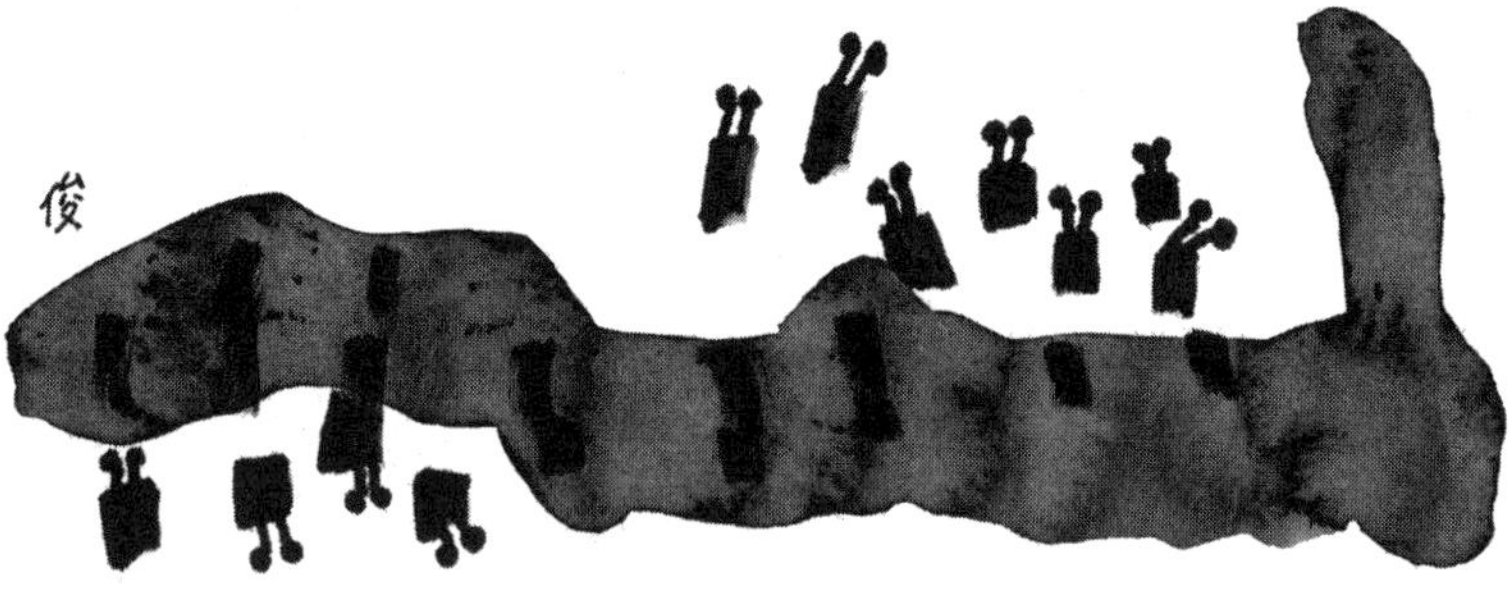

家畜

霊長類人は
首輪をつけられ
餌をあたえられる
家畜になるらしい
人がいない
人がいらないスマート農業で
器もいらなくなるとか

食と健康の
家族団楽の食事はスマート農業に
違反するらしい
餌に抗生物質やホルモン剤を

まぜられ
ただ太らされる家畜人
工場で加工され
牛や豚の餌になるかも

地球上で
人の役目ってなんだろう

合掌

富士ヶ嶺から
新雪をのせる
富士山をあおいだ
存在をこえた
無常がそびえる

合掌の平に
米の種がわいてきて
瑞穂の国の創造主は
富士山か

風にそよぐ芒

稲穂にみえてきて
一匹の百姓
合掌がとけない

２０２４年11月24日

朝

玄米に胡麻を
すりながら
『南瓜とところがあれば』
すかさず
『最良の朝飯ね』
とほほえむ女房

かなわぬ女に
胡麻おおすぎた

クモ

ゴミをはらおうとしたら
動いた
冬なのに米つぶより
小さいクモ
胡座の机を
ほぼ一直線に
板目をよこぎり
八木重吉の詩集にかくれた

この部屋は
寒風がぬけるから
押入れにある

登山用セーターにもぐり
冬を越せよ
足は折るなよ

春には
梁に張る
小さな巣を
見たいな

新聞記事
宇宙戦略に一兆円支援

ロシアとウクライナ
イスラエルとハマス
戦争さなか
宇宙戦略とは
青い地球を
黒くして
見捨てる気

水の惑星に
生かされている人類
戦争と破壊を止めて
土を豊かにする
ミミズのように
地球を肥す
ヒトになれ

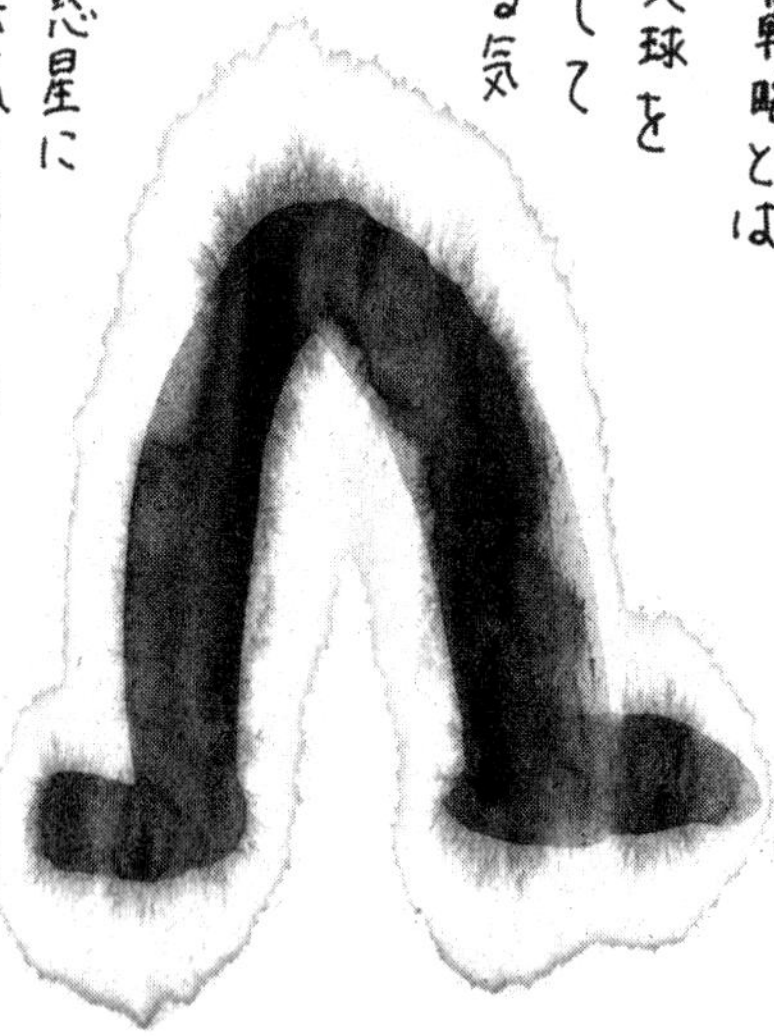

俊

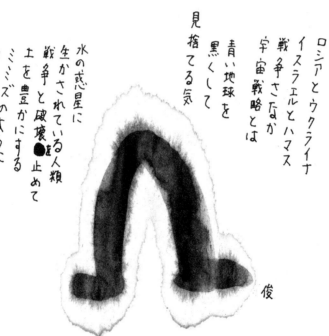

百姓

食糧自給率37％
百姓は自給自足
生産者は日本農業に
振りまれされてきた
自給率上げるのも
消費者しだい
日本農業の未来も
消費者しだい
百姓はもう悩むことない
俺の農をすれば
生きられる

百姓も
いずれ死ぬ
死ぬまで
田んぼにもぐれ
食糧自給率10％
飢餓の日本を
あの世で見るか

山下惣一「百姓の遺言」

矛盾

人間って
生を憂い死を悲しむ
めんこい生き物なのに
戦争する生物
人間って
山に感謝し海に感謝し
田をじっくり耕す
めんこい生き物なのに
自然を破壊する生物
人間って
動植物と共に生きる
めんこい生き物なのに
無意識であれ

殺戮する生物
人間って
矛盾を背負う生物なら
山道具の押入れから
カリマーのリュックサックを出し
下に軽い空気を一杯入れて
その上に水をのせて
鉄より重い矛盾は
シュラフにつめこみ
雨蓋のポケットに
矛盾の好きなお菓子を忍ばせ
しっかりリュックサックを閉じる
カリマーのリュックサック
ぴったり背におさまり
矛盾も軽く
快適に歩ける

カツ丼

いろは食堂
俺はカツ丼に半中華
女房は中華ソバ
カツ丼二人で別け合う
いつも
カツ丼一切れ
ティッシュにつつんで
ラムにお土産

玄関をあけて
「ただいま
るすばん

ごくろうさん」
居間は空白
テレビの台に
ラムの写真

雪たんねえど

船形連峰
みんな雪たんねえ
泉ヶ缶北泉ヶ岳
まだ黒い
三峰山蛇ヶ岳
いつもの白さがねえ
後白髪山
はりつく雪面
うすすぎる
みんな雪たんねえ
船形山頂から薬師森
美しい稜線に純白がねえ

荒神山の
崇高が積もんねえ
雪たんねえ
雪たんねえ

冬のお空よ
まだまだ
雪たんねえど

著者略歴

小関 俊夫（こせき・としお）

1948年　宮城県大崎市三本木に生まれる
2011年　『詩集　稲穂と戦場』（無明舎出版）
2013年　『詩集　村とムラ』（無明舎出版）
2015年　『詩集　農で原発を止める』（無明舎出版）
2017年　『詩集　農から謝罪』（無明舎出版）
2021年　『詩集　飼料米と青大将』（無明舎出版）
2022年　『詩集　虫のために大豆をつくってる』（無明舎出版）
2023年　『詩集　もったいない農婦』（無明舎出版）

無農薬、無化学肥料の米づくり四十二年

詩集 ラムの足音
定価一七六〇円〔本体一六〇〇円＋税〕
二〇二五年四月十日　初版発行
著　者　小関俊夫
発行者　安倍甲
発行所　㈲無明舎出版
秋田市広面字川崎一一二―一
電　話／（〇一八）八三二―五六八〇
ＦＡＸ／（〇一八）八三二―五一三七
製　版　㈲三浦印刷
印刷・製本　㈱シナノ

ISBN 978-4-89544-695-2

小関 俊夫の詩集

【二〇一一年刊】
詩集　稲穂と戦場
A5判・一一八頁
定価一七六〇円
〔一六〇〇円＋税〕
自然保護、原発、戦争、農業……。百姓として、詩人として、身体の中にねむる言の葉を耕す！

【二〇一三年刊】
詩集　村とムラ
A5判・八一頁
定価一七六〇円
〔本体一六〇〇円＋税〕
田を耕すように言葉を耕す。つむぎだされた言葉にモノトーンの水墨イラストを重ね、村の最前線から声をあげる！

【二〇一五年刊】
詩集　農で原発を止める
A5判・一〇五頁
定価一九八〇円
〔一八〇〇円＋税〕
船形山のブナを守る会や東北の自然保護運動の先頭に立ちながら、農の現場から社会に問い返す！

【二〇一七年刊】
詩集　農から謝罪
A5判・一一七頁
定価一七六〇円
〔一六〇〇円＋税〕
四季折々の農作業の現場から、身体性をもって紡ぎだされた言葉たちが自由に競演する！

【二〇二一年刊】
詩集　飼料米と青大将
A5判・一一四頁
定価一七六〇円
〔一六〇〇円＋税〕
忘れてしまった農の精神を今によみがえらせ、都市の孤独に、自然の種子を撒きつづける言葉の石つぶて！

【二〇二二年刊】
詩集　虫のために大豆をつくってる
A5判・一一四頁
定価一七六〇円
〔一六〇〇円＋税〕
愛犬のこと、自然に耳をすますと聞こえる音、恵みの雨、空を見上げて思うこと……農の四季が等身大の感性で言葉になる！

【二〇二三年刊】
詩集　もったいない農婦
A5判・一〇八頁
定価一七六〇円
〔一六〇〇円＋税〕
原発事故や農政への怒り、身近な動植物へのいつくしみを、身の丈にあった言葉に託くす七冊目の詩集。